MON AVENTURE
IN GREEN
LE JOURNAL DE TOM

Tip Tongue JOURNAL

À lire progressivement en anglais !

Tip Tongue Journal, c'est un carnet de voyage linguistique palpitant

Les héros, jeunes Français comme le lecteur, racontent et dessinent leurs aventures avec des amis anglophones dans un journal de bord, qu'ils s'efforcent de rédiger progressivement dans la langue de Shakespeare (le dernier chapitre est à 100% en anglais).

Avec Tip Tongue Journal, lire et écrire de l'anglais devient naturel

Pas besoin de dictionnaire, les héros font tout le boulot. Un plaisir de lecture immense, la fierté de comprendre une langue étrangère, et une incitation à écrire, se raconter, dessiner, comme le font les personnages, et ainsi mémoriser plus et mieux.

Avec Tip Tongue Journal, on découvre les vertus du crayon et du stylo !

Dans leur journal, les héros prennent leurs crayons et leurs stylos pour explorer la langue et la mémoriser à leur manière. Ils utilisent sans le savoir des méthodes de mémorisation et de créativité : *sketchnoting, doodle, bullet journal*... C'est amusant, et efficace !

L'audio-book

Tout comme dans la collection de romans **Tip Tongue**, chaque titre offre une version intégrale audio téléchargeable. Un véritable bain de langue pour découvrir comment se prononce un mot en langue étrangère au moment où on le lit.

Pour découvrir la collection, accéder aux audio-books et aux ressources pédagogiques :
https://tip-tongue-anglais.syros.fr/
Ou téléchargez l'appli **Syros Live** et flashez les couvertures.

La collection des romans Tip Tongue se décline en anglais, espagnol, allemand, et pour tous les âges de 8 à 16 ans et plus !
Elle a obtenu en 2015 le **Label européen des langues**, récompensant l'excellence en matière d'apprentissage innovant. Chaque titre correspond à un niveau cible du CECRL (Cadre européen commun de référence pour les langues), sur lequel sont basés les programmes scolaires.

Pour choisir son Tip Tongue

- / 8-10 ans / CE2-CM1-CM2 / A1 Introductif
- / 10-12 ans / CM2-6e-5e / A1 Découverte
- / 12-14 ans / 5e-4e-3e / A2 Intermédiaire
- / 14-16+ ans / 3e-2nde-1re / B1 Seuil

TIP TONGUE, C'EST TOUT UN PROGRAMME : PLAISIR, CURIOSITÉ, CONFIANCE EN SOI, RÉUSSITE !

Tip Tongue JOURNAL

Une collection dirigée par Stéphanie Benson

ISBN : 978-2-74-852498-7

92, avenue de France, 75013 Paris

Loi n° 49-956 du 16 juillet 1949
sur les publications destinées à la jeunesse,
modifiée par la loi n° 2011-525 du 17 mai 2011.

N° éditeur 10263310 – Dépôt légal : janvier 2019

MON AVENTURE
IN GREEN
LE JOURNAL DE TOM

Stéphanie Benson
& Claudine Aubrun

Illustrations de Claudine Aubrun

SYROS

This
Journal
belongs to:

Tom Pereira

Born: 23rd January 2007

Address:

23 rue des Oliviers à Saint-Symphorien near Bordeaux.

I live in: Saint-Symphorien

My favourite country is: France (and Scotland)

Scottish flag →

My favourite food is:

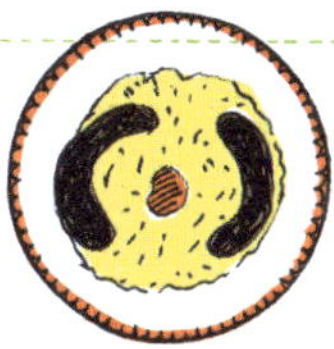

sausages and mashed potatoes

My favourite person is: Akira McKenzie

(Je l'ai rencontrée quand je suis parti en vacances en Écosse avec papa, à Noël dernier.)*

* Lire l'aventure de *Tom et le Secret du Haunted Castle*, coll. « Tip Tongue ».

Mardi 28 février
Tuesday February 28th

De retour d'Écosse, papa et moi avons tellement parlé de nos amis écossais que maman a décidé de reprendre des cours d'anglais pour pouvoir nous accompagner la prochaine fois. Résultat : elle ne parle plus que de son prof et des merveilleuses astuces qu'il lui donne pour apprendre cette langue.

- ✓ Writing is essential for the memory.
- ✓ You must **write** to remember.
- ✓ You must **copy** to remember.
- ✓ Writing a journal is perfect.

Sur le frigo, maman a collé un post-it :

Et ce matin, maman me donne ce journal…

Moi, je suis d'accord pour écrire un journal en anglais, mais ma vraie motivation, c'est :

AKIRA

Akira is funny, nice, clever, intelligent, Scottish…

And I want to write emails to Akira.

Pour l'instant, nous n'échangeons que des banalités.

Genre : j'espère que tu vas bien / I hope you are well

Car mon anglais n'est pas franchement génial. Mais je voudrais être capable de lui écrire et de lire ses réponses sans passer par les parents.

I want to read emails from Akira

Tom writes in English to...

Dictionnaire .... ☒ ok
Dictionnaire électronique ...... ☒ ok
Dictionnaire en ligne .... ☒ ok
Parents .... not ok!!! ☐ → Parents go away.

So I write this journal to be brilliant, perfect, wonderful in English, and to impress Akira!

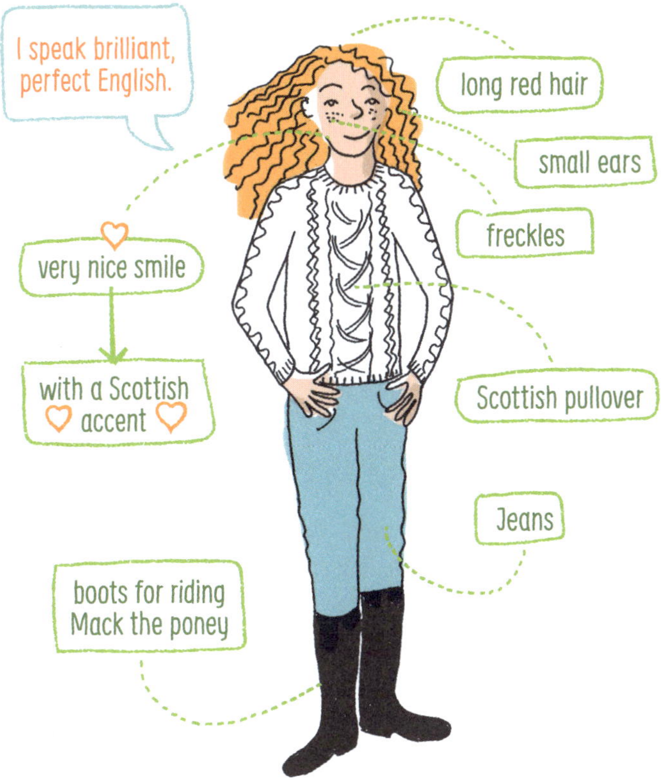

Akira McKenzie, my favourite person.

Akira McKenzie is Scottish. She's 11 years old. She's very clever and nice.

Je ne suis pas amoureux (pas du tout !), mais c'est marrant à quel point je pense à elle tout le temps.

Thursday 2nd March

Today, writing the date in English (to remember, yes, Mum)!

On commence avec le jour de la semaine :

Monday, Tuesday, Wednesday, Thursday, Friday, Saturday, Sunday

On met le mois avant ou après la date :

January, February, March, April, May, June, July, August, September, October, November, December

Pour les petites lettres, on écrit les premiers chiffres comme ça :

1st *pour* first 2nd *pour* second 3rd *pour* third

Les autres chiffres sont suivis de th.

So... today is

Thursday 2nd March.

Today, I was at school. At school we had English, French, Sport and Maths.

I like English.

Today, the weather was…

Sunny

In the morning

I'm happy! ⇨

hot and dry

In the afternoon

Je transpire ! ⇨

Cloudy with no rain

Now…

Déprimant. ⇨

Autant écrire ce journal !

Sunday 5th March

Today's weather was...

Raining and overcast.

In the morning

Vraiment très pluvieux et couvert ! C'est juste pénible.

Warm with rain.

In the afternoon

Maman dit que c'est bon pour le jardin !

Soudain, maman m'a appelé :

bon, elle a encore des progrès à faire...

The email from Akira

Même si j'ai horreur de recopier,
je le fais ici pour mieux m'en souvenir.

Hi Tom, How are you? I hope the weather's better in France than it is here. It just keeps raining and raining. And it's cold too with a cold wind. Even Mack is sad. We're tired with winter, we want it to be spring with sun and flowers. School is OK. And you? James says hi!

Love xxx
Akira

I must remember

Les anglophones signent toujours leurs lettres et mails à des amis avec le mot LOVE et des petits XXX, ce qui, en gros, veut dire « amitiés » et « je t'embrasse » (et pas « je t'aime » et « t'as tout faux »).

J'ai commencé par surligner ce que j'ai compris. Beaucoup de choses, en fait ! En Écosse, il pleut. Le vent est froid, et Mack (le poney d'Akira) est triste. Pas si difficile !

Voici mon résumé du mail... in English!

1

The weather in Scotland is cold and raining.

2

Mack* the poney is sad.

3

Akira wants spring and flowers.

4

School is fine.

5

James** says hi!

* Mack is Akira's poney.
** James is Akira's brother.

's = appartient à

Tuesday 7th March

Weather was cold and sunny.

At school, we had French, Geography, History, Chemistry and English today.

Ce soir, j'écris au brouillon le texte du mail que j'enverrai demain à Akira. Il paraît qu'écrire, ça aide le cerveau à se souvenir. Enfin, c'est ce que raconte Steven.

Je veux raconter à Akira notre projet en biologie : avec notre prof, nous avons décidé de déblayer (nettoyer, quoi !) les bords de la Hure, la rivière qui coule près d'ici. C'est un projet écologique. Et comme notre prof d'anglais est branché écologie, on va faire le projet avec deux profs, et… in English!

Je me sers du mail d'Akira comme modèle.

My email to Akira

À: akiramckenzie@mymail.com

Objet: hello

Dear Akira,
Today it's sunny here in France. The weather is cold but we have the sun. It's spring. School is OK too. Next month in biology we'll clear the banks of a river called La Hure. Our biology teacher says it's important to respect nature. I think it's important too. My Dad says hi.

Love xxxx
Tom

Envoyer

Next month → Le mois prochain
I think → Je pense
clear the banks → déblayer les rives

Là, j'ai eu besoin du dictionnaire et de mon père. Voici son pense-bête :

	Today, I'm happy.
	Tomorrow, I'll be happy.
	Yesterday, I was happy.

Wednesday 8th March

It was raining today.

We had Sport and English this morning.
After school I had an email from Akira!

To: tompereira@monmail.com

Object: hello

Dear Tom,

What a brilliant idea! At Airth we've also cleared the banks of the River Forth. It was raining, the wind was blowing and we were all freezing. And the banks were really slippery. My friend Mary and I slipped in the mud. It was a disaster.
My Dad and I looked on the Internet to find Saint-Symphorien near Bordeaux. It looks like it's always really bright and sunny where you live.

Lots of love xxx
Akira

Le message est plus difficile que la dernière fois, mais quand je surligne ce que je comprends, en fait, ça va !!

Saturday March 18th

It's sunny today!

It's spring!

Je n'ai pas écrit depuis dix jours. On avait plein de devoirs. En relisant le mail d'Akira, je l'imagine en train de nettoyer les berges à Airth, où elle habite, avec la pluie et le vent, un peu comme ceci :

J'ai regardé dans le dictionnaire :

slippery : glissant

to slip : glisser

Wednesday 29th March

It's cold today.

I don't like cold weather.

At school we had sausages and mash.

Le prof de biologie nous a donné la liste des vêtements à apporter pour notre projet lundi.
Le prof d'anglais nous a fait tout traduire !

an old sweat-shirt

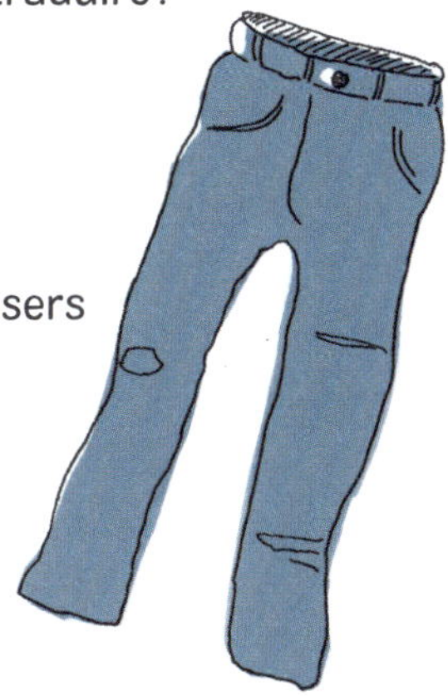

old trousers

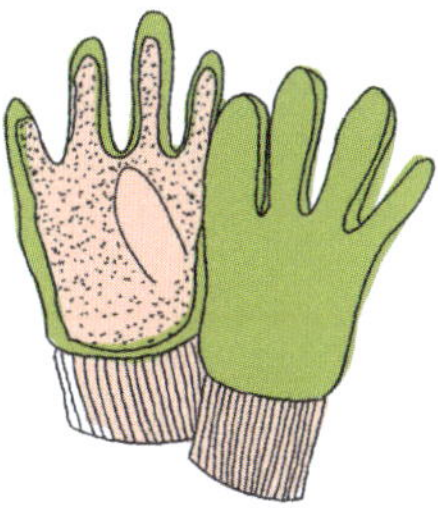

garden gloves

Wellington boots
(d'après le duc de Wellington qui les a inventées)

Friday 31st March

The weather was windy and raining.

At school, we had French (2 hours), Maths, History, Sport (2 hours) and English.

Ce soir, toute ma famille est venue à la maison. On ne les avait pas vus depuis notre retour d'Écosse. C'est l'occasion pour papa et moi de distribuer les cadeaux achetés là-bas :

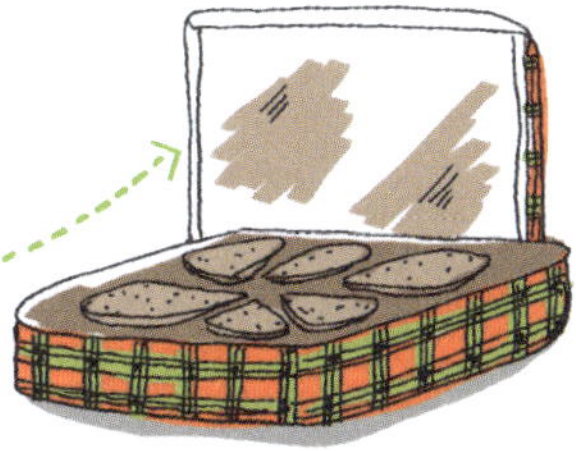

a Scottish cushion
and a box of biscuits
for my aunt and uncle

a doll
and a scarf
for my cousins

Monday April 3rd

Sunny weather today.

Biology is my favourite subject. I ♡ Biology.

BIOLOGY PROJECT TODAY

Today, I had old trousers, an old sweat-shirt, Wellington boots and garden gloves. With the Biology teacher and the English teacher, we cleared the banks of the river.

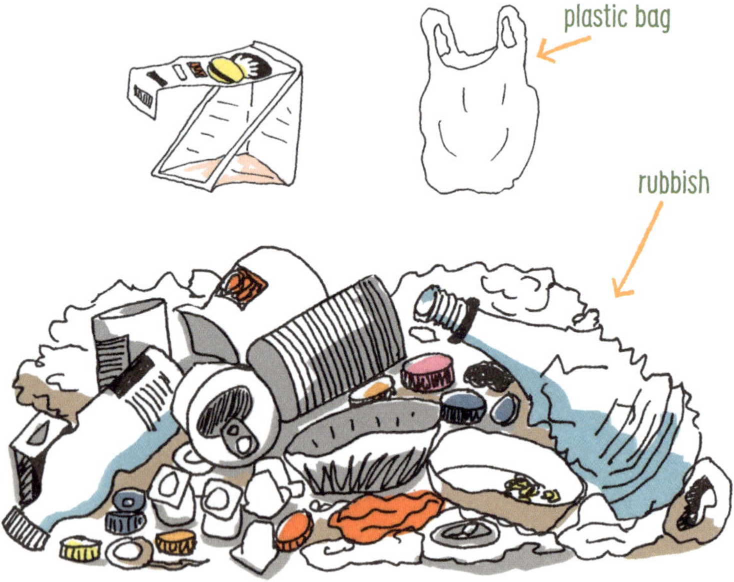

Avec Arthur, nous avons rempli trois sacs-poubelle de déchets. Puis nous sommes tombés sur...

C'était horrible. Des centaines d'abeilles mortes gisaient devant une ruche vide. Arthur et moi, on a dessiné l'endroit où nous les avons trouvées pour montrer aux profs notre triste découverte.

Pourquoi toutes ces abeilles étaient-elles mortes ?

Le prof de biologie a dit :

Sans doute à cause des pesticides.

Le prof d'anglais a dit :

Probably because of global warming.

Selon Arthur, aucune de ces deux hypothèses n'était la bonne.

A Parce que les gens du coin font de l'agriculture bio, SANS pesticides.

B Parce que les abeilles aiment quand il fait beau. Le réchauffement n'est pas un problème pour elles.

Arthur pense que ce sont les frelons asiatiques les responsables, mais je n'en ai pas vu cette année.

Alors j'ai pris cette décision :

ASK AKIRA

Akira et son frère James sont très branchés écologie. J'ai donc écrit un brouillon avant d'envoyer mon email :

Dear Akira,
How are you? Today at school we did our biology project. We cleared the banks of the river. But suddenly we found hundreds of dead bees. It was horrible. Possible reasons:

1 Pesticides

BUT

bio!

→ Organic agriculture is near the river.

2 Global warming

BUT

→ Bees like warm weather.

3 Asian hornets

BUT

→ No Asian hornets this year in France.

What do you think? WHAT killed the bees?

Love
Tom XXX

Wednesday April 5th

The weather was cold and sunny.

At school, we had Sport and English.

We asked the English teacher:
What killed the bees?

Quand un prof ne sait pas, c'est mauvais signe.
Il nous a dit de contacter un spécialiste des abeilles.
Comme je n'en connais aucun, je suis un peu coincé.

J'espère qu'Akira va me répondre vite.

En attendant, Arthur et moi avons joué à World of Wonders, un nouveau jeu vidéo. C'est tout en anglais, avec des instructions comme :

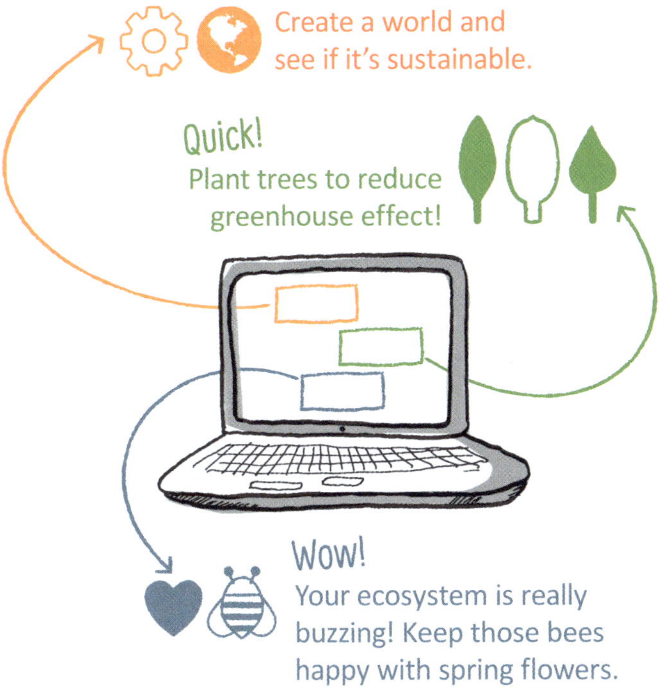

Bon, d'accord, de temps en temps nous avons eu recours au dictionnaire, surtout pour « durable » et « effet de serre » !

Thursday April 6th

The weather was cold with hailstones.

au secours !

At school today, we had English, French, Sport and Maths. ♡ I like English.

Dear Tom,
I asked James what might have killed the bees. He thinks the bees were poisoned. Somebody poisoned them. He asks if you saw pesticides or anything with a skull and crossbones near the dead bees? He says he'll ask a friend of his, a bee specialist.
Love,
Akira xxxx

J'ai aussitôt réutilisé ma technique qui consiste à surligner ce que je comprends. Ça marche d'enfer ! « A skull and crossbones » ??? Qu'est-ce que c'est que ça ? Mystère.

JAMES!
OF COURSE!!!
protects wild animals
ecology student
bee specialist
Akira's brother

Friday April 7th

The weather was misty and freezing.

At school, we had French, Maths, Sport ⇨ ☹
☺ ⇦ History, English.

After school, with Mum, we got a new car. Ça fait des semaines que maman attend sa nouvelle voiture. Elle en a même collé une photo sur le frigo et écrit :

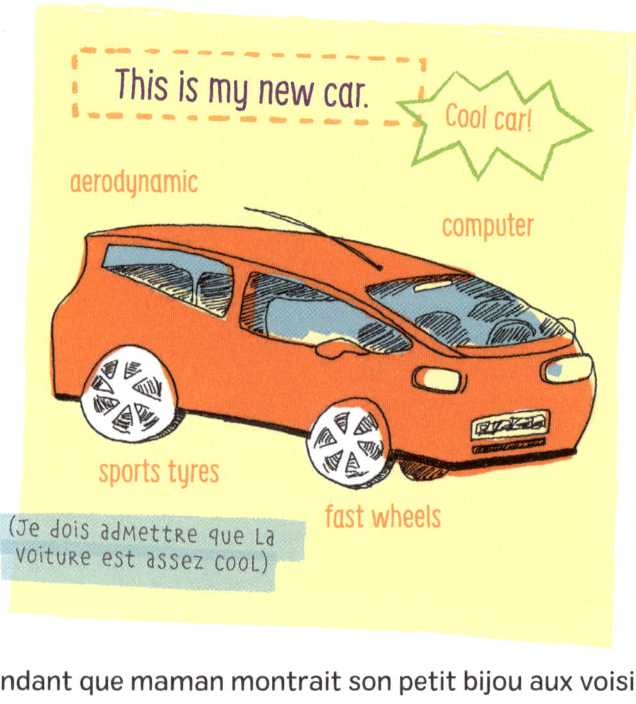

Pendant que maman montrait son petit bijou aux voisins, j'ai regardé sur l'ordinateur...

YES!! An email from Akira!

To: tompereira@monmail.com

Object: dead bees

Hi Tom!

(will = futur)

How are you? I've got some fantastic news. James will be in Bordeaux next week! There's a conference in Bordeaux about climate change and global warming. He will be in Bordeaux for ten days and thinks he can come and see you in Saint-Symphorien if you like. He didn't realise the conference site (Pessac) was near Bordeaux. I hope you can see him.

Love,

Akira xxxx

J'ai presque tout compris !!

Fantastic News

C'est vraiment une super nouvelle ! James sera à Bordeaux la semaine prochaine ! Je pourrai lui montrer les dead bees. I will phone Arthur. I will ask my parents to see James!

Il fallait ça pour décrocher ma mère de sa new car!
J'ai à peine fini d'expliquer à mes parents que James venait en France que déjà ma mère a tout prévu: James viendra dormir à la maison... Papa l'emmènera à Bordeaux en voiture (c'est là qu'il travaille).
Mes parents décident d'appeler la famille McKenzie immédiatement. À la cinquième sonnerie, Akira répond et mon cœur s'arrête. Même si c'est seulement sur un écran d'ordinateur, ça me fait super plaisir de la revoir.

Je résume ici ce qu'elle nous dit:

Côté français, je suis assis sur le canapé, en sandwich entre mes parents, comme un petit garçon de cinq ans. La honte totale !

Ils ont tous l'air super à l'aise.
Maman :
– Me too Akira, Tom told me all about you.
Puis papa :
– Tom says that James will come to Bordeaux next week to take part in the Climate Conference.
Puis Akira :
– That's right. He's going to take part in the Conference and give a talk on protecting wild animals.
Et moi, dans tout ça ? MUET. Je ne dis RIEN.

Not ONE WORD!! It's horrible!

Enfin, papa propose :
– We'd like to invite James in our house. I will take James to the Conference in my car.
Akira répond :
– James is here. You can invite him directly.
Trois secondes plus tard, James est en face de nous. Quand il comprend que nous l'invitons, il répond :

– OK, says Dad. We'll come and meet you at the airport.
James regardait mon père, bien sûr, mais moi, je regardais Akira, et elle me regardait aussi. J'ai senti qu'elle aurait voulu être à la place de son frère. Moi aussi j'aurais aimé que ce soit elle qui vienne. Alors j'ai enfin réussi à prononcer ma première phrase :

Sunday 9th April

Weather is stormy with thunder.

Stormy with lightning.

orageux avec éclairs et tonnerre

Je me cache sous les couvertures.

Comme il ne faisait pas beau, papa et maman se sont assis dans le salon et ont décidé de concocter pour James un programme d'enfer (in English) afin de lui faire découvrir la région.

Oyster tasting in Lacanau

Climbing the sand dune at the Pilat

Visiting the castle in Villandraut

Je me demande s'il aura le temps d'aller à sa conférence !

Wednesday April 12th

The weather was good! Warm and sunny.

At school we went sailing with the Sports teacher and the English teacher.

After school we go to pick up James at the airport.
Maman avait préparé des questions super artificielles, style:

A

How do you make whisky?

B

Why do Scottish men wear kilts?

C

Do you eat Haggis every day?

(C'est pour faire croire qu'elle connaît l'Écosse!)

Le Haggis, papa m'avait expliqué, c'est comme une saucisse cuite dans un estomac de brebis. Mais les Écossais n'en mangent pas tous les jours ! C'est comme nous avec l'andouillette... J'étais gêné pour James. Mais lui, il semblait trouver toutes ces questions tout à fait normales, il répondait à tout en parlant lentement et en articulant. Je commençais à m'habituer de nouveau à l'accent écossais !

Thursday 13th April
C'est l'enfer !

La langue officielle de la maison est devenue l'anglais. Maman ne parle plus que in English.

Dès que nous sommes à table, elle annonce le menu :
– Today, I've made : roast chicken, sauted potatoes, a nice salad and for dessert, ice cream. It that OK?
Puis elle lance :

oysters

Et quand elle me téléphone, c'est encore in English.

goat's cheese

Friday April 14th

Weather was raining and windy.

At school, in English, we wrote our Biology project.

The teacher said :
– So, boys, did you find the answer to the mystery of the dead bees?

Avec Arthur, on s'est regardés, penauds. On ne l'avait pas oubliée, mais avec l'arrivée de James, cette histoire d'abeilles mortes nous était un peu sortie de la tête.

– You should write what you know. All the facts, said the teacher.
Du coup, Arthur s'est souvenu qu'il avait demandé à sa mère à qui appartenait le champ où se trouvaient les ruches, en bord de rivière. Elle avait répondu que le champ appartenait à des Anglais.

This is our fact sheet:

FACT ONE: The bees are dead.

WHERE:

→ In a field on the banks of the Hure river.

WHEN:

→ Monday 3rd April (eleven days ago).

WHO:

→ The field belongs to English people.

WHAT TO DO:

→ Talk to James.

(sauf qu'il n'est pas là ce soir... grrrrr)

Saturday April 15th

The weather is sunny and bright.

ça, je l'ai appris dans l'e-mail d'Akira = brillant, lumineux !

I prepared to ask James about the dead bees but, at breakfast, he looked at me in the eyes and said:

– Now, Tom, concerning these dead bees you discovered on the banks of the Hure river...

J'étais un peu pris de court, alors James a répété :

C'est comme s'il avait lu dans mes pensées !!

– Yes, I said, Arthur and I found hundreds of dead bees near the river called La Hure. My friend Arthur says the fields don't have pesticides and it's not global warming or Asian hornets.

– Did you find anything near the dead bees? asked James. Something with a skull and crossbones sign?

– A what? I asked.

– A skull and crossbones, he repeated. I asked Akira to tell you to search for anything with a skull and crossbones.

(Oups, j'avais oublié de vérifier cette partie de l'e-mail...)

Mais James s'est saisi des post-it de maman et a dessiné ceci :

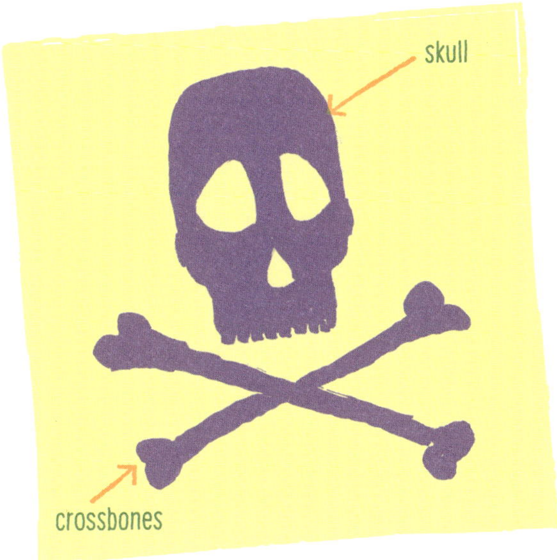

– It's the sign of pirates, he said. It means death. We also use it to mean poison.
Il a réfléchi avant d'ajouter :
– We must go to see these dead bees, and look in the field near them.
Euh... super... on va regarder dans le champ près des abeilles mortes, mais... c'est pas la porte à côté !
– Yes, but it's not near! I said. We must have a car!
– That's OK, said James. I can drive. Let's ask your mum if we can borrow her car.

J'ai bien cru que maman allait se trouver mal quand James a demandé :

(Je ne sais pas si évoquer la possibilité d'une panne était une bonne idée. Maman est devenue plus blanche encore, puis a bredouillé :)

Sunday April 16th

Sunny weather!

Incroyable ! Un miracle a eu lieu. Maman a dit oui. Nous voilà dans sa voiture. Elle a couvert le tableau de bord avec des post-it :

Au volant, James said:
– This is the first time I've driven a car with the steering wheel on the left hand side. But thanks to your mum, I'll remember to drive on the right!
Il n'avait pas l'air super à l'aise, mais il a démarré et très vite il s'est habitué. Bonne nouvelle pour lui : maman avait réglé le GPS in English.

Maman avait aussi fait un plan qu'elle avait scotché sur le tableau de bord :

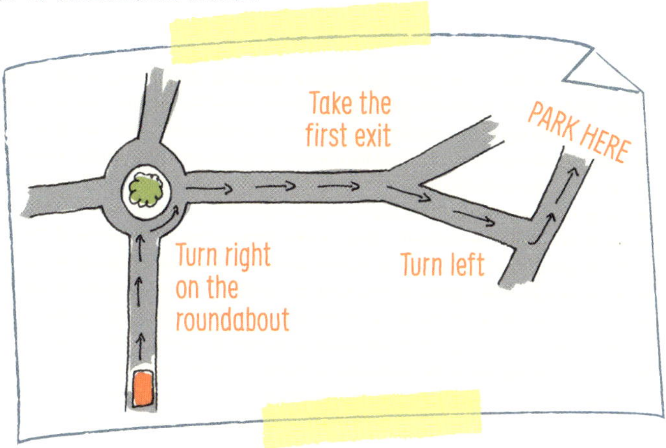

Nous nous sommes garés à : PARK HERE.

Et puis on a marché.

J'avais emporté mon cahier d'anglais avec le croquis qu'Arthur et moi avions fait pour situer notre découverte.

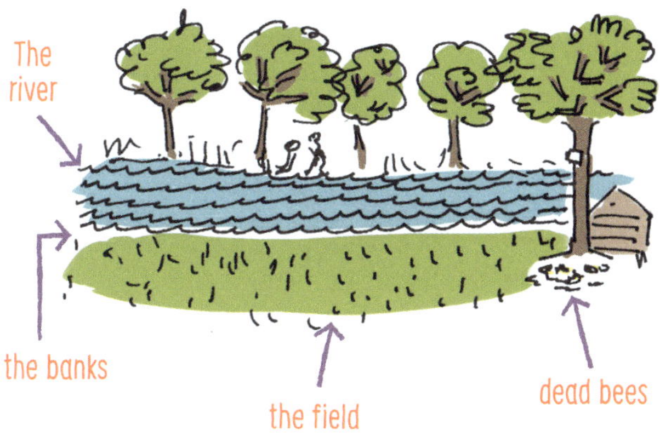

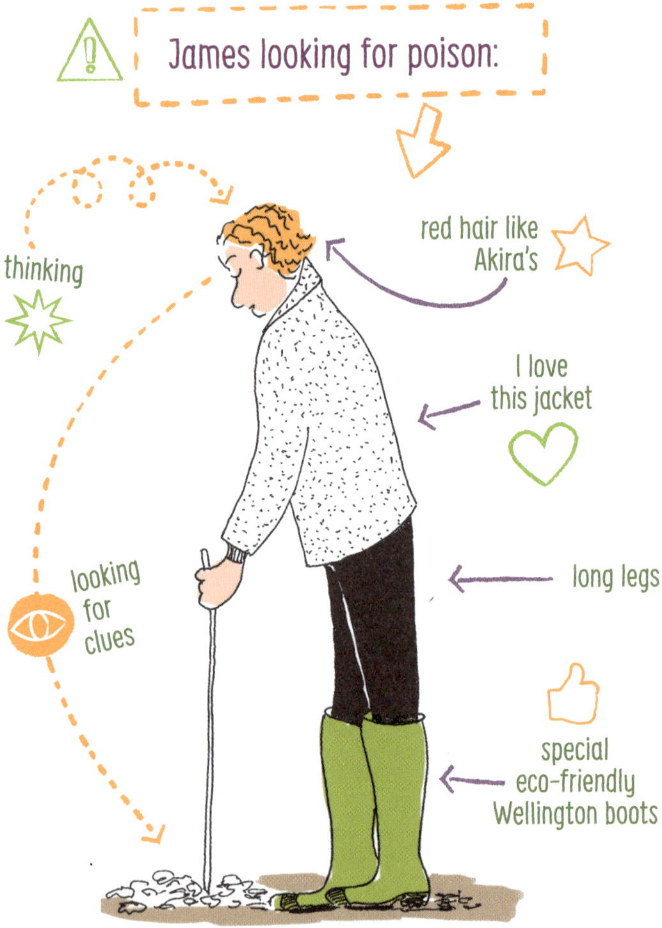

We went to the place where Arthur and I found the dead bees but... There was

Nothing there!

No dead bees, no beehives...

NOTHING

Just:

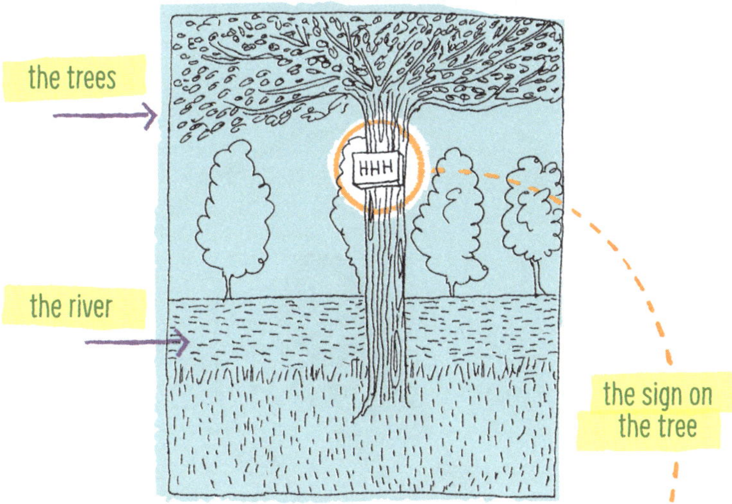

James looked at me, puzzled.

– Tom, he said, what does the sign HHH mean?

– I'm sorry, I don't know, I said.

James s'est mis en mode « chien de chasse ». Le nez presque au niveau du sol, il examinait le terrain. Il s'est immobilisé et a montré du doigt les empreintes de pas :
- Look, Tom! Footprints! Hmm. Perhaps a clue... Can you make a sketch of the print, Tom? So we can recognise it again?
Très bien. Dans mon carnet, j'ai fait un croquis de l'empreinte.
– Probably wellies, said James.

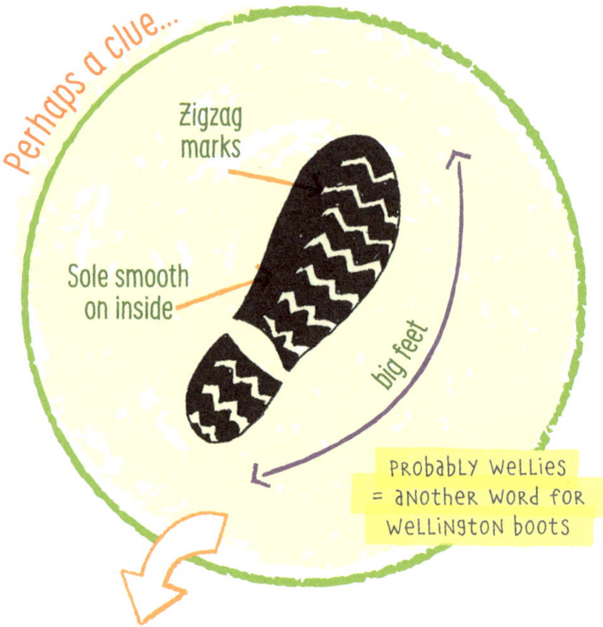

Let's follow these footprints, said James. Perhaps we will find something.

Les empreintes de pas traversaient le champ. De l'autre côté du champ, nous sommes tombés sur un chemin boueux.

– Look, Tom! said James. The footprints stop here. The person must have got into a car here. Look at the tyre prints in the mud. Perhaps it was a lorry. The tyre marks are wide for a car. Or perhaps it was a tractor. Can you make a sketch of the tyre marks, Tom?

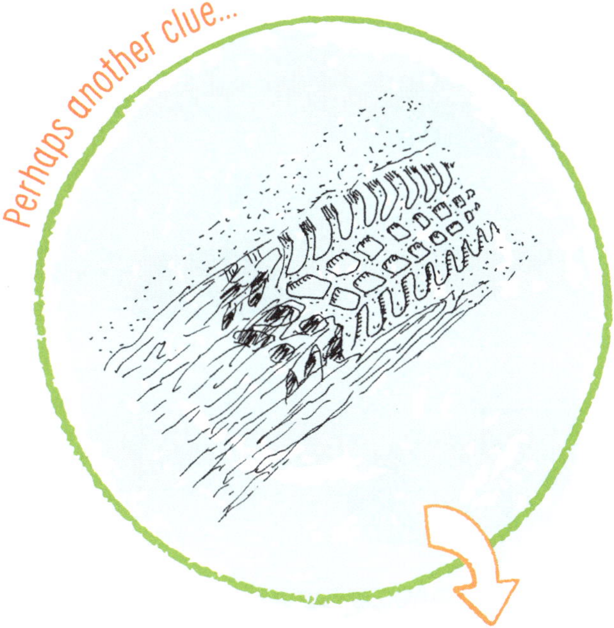

Wide tyre marks in the mud,
perhaps a lorry? perhaps a tractor?

Mais pendant que nous nous demandions si c'était un camion, une voiture ou un tracteur, mon téléphone a commencé à vibrer comme un fou.

It was Mum!

I told James about the messages. He said:
- Oops... We must go home. Now! Come on, Tom!

QUICK! HURRY!

At home

Quand nous sommes arrivés à la maison, maman a fait le tour de sa voiture dix fois. Même si elle a confiance en James, je pense qu'elle s'est fait du souci. Beaucoup de souci. Tandis qu'elle inspectait sa voiture, James l'a rassurée...

Puis il lui a expliqué pour les abeilles disparues.

Pas le temps de discuter plus longtemps. Papy et mamie sont arrivés avec l'intention de profiter de James. Après quelques minutes de conversation, ils ont essayé de lui apprendre un « tongue-twister » en français (un jeu pour t'embrouiller la langue).
James s'appliquait et répétait : « Lays chowsettes de l'archidoochess ssont el shess.... » Puis il s'est exclamé :
– Oh shit! Oh! Sorry! Bother! Hell!
Tout le monde a ri. Puis mamie s'est souvenue qu'à une époque (quand elle était jeune), elle avait élevé des abeilles (première nouvelle !) et avait fait du miel.

Ça fait hyper drôle d'entendre mes grands-parents essayer de parler anglais !

Then Arthur arrived. With information.

Arthur's information:

- NEIGHBOURS WHO OWN THE BEES
- Name: MacDougal
- Live near the river
- Sell organic honey

Soudain, je me souviens. Aileen avait deux ans de plus que nous. Quand nous étions à l'école primaire, elle fabriquait des bougies à la cire d'abeille qu'elle vendait à la kermesse. Comment on dit « bougie » en anglais ?

→ Candles

James veut aussitôt tout savoir à propos de ces Scottish qui habitent à Saint-Symphorien. Voici ses questions (enfin, celles dont je me souviens) :

- How old are they?

Arthur doesn't know. I think they are old like my parents (as old as your parents, says James).

- Where do they come from in Scotland?

Arthur doesn't know. I don't know.

- Does selling organic honey make money?

Arthur doesn't know. Mum sees them on the market. She thinks they sell the honey to lots of people.

- How long have they been here?

Arthur doesn't know. I think perhaps six or seven years (Aileen arrived when we were five).

- What happened to their bees?

Arthur doesn't know. I don't know.
Nobody knows.

Et c'est là que maman arrive à la rescousse ! Elle a trouvé leur numéro de téléphone sur un pot de miel ! Et c'est parti…

Visit to MacDougals

Tandis que papa tenait compagnie à mes grands-parents, maman, James et moi sommes allés rendre visite aux MacDougal (dommage ! Arthur a dû rentrer chez lui).

– I'm from Airth, near Stirling, my father is gardener at Airth Castle, said James.
– I'm from the Highlands, we've been living in France for six or seven years now, making organic honey. In Scotland we made organic honey too, answered Ian.
Tandis que Mr MacDougal parlait, je regardais ses pieds. He had wellies, big feet, zigzag marks on the soles...

James a expliqué que j'avais vu des abeilles mortes le long de la rivière. Ian MacDougal replied:
– Oh yes! I noticed the school children had cleared the banks of the river. Then I thought the children had also cleared the dead bees and the beehives.
Il a cru que nous avions nettoyé toutes les abeilles mortes et les ruches! Mais ça ne nous dit pas ce qui est arrivé aux abeilles... James a insisté:
– Right, so you thought the children cleared away the dead bees. But... Do you know what happened to your bees?

Well... I think I know **HOW** the bees were killed...

I think I know **WHY** the bees were killed...

And I think I know **WHO** killed the bees...

But I don't have any proof...

Mr MacDougal n'avait pas de preuve. Il a haussé les épaules comme pour montrer son impuissance.
Et il a ajouté:

Ce soir, James et moi avons décidé d'appeler Akira pour faire le point avec elle. Mais avant, je résume ce que je vais lui dire.

Phone call summary to Akira:

- ○ James and I went back to the river bank.
- ○ The dead bees and the beehives had disappeared.
- ○ We saw footprints.
- ○ Arthur said the people who live near the river bank are Scottish.
- ○ We met Ian MacDougal who owns the beehives.
- ○ He thought the school children cleared the dead bees and the hives from the river bank.
- ○ He thinks he knows who killed the bees but he has no proof.

Monday April 17th

Sunny weather again!

Lundi de Pâques. Easter Monday. Jour férié.
Yesterday I wrote fifteen pages in this journal!

À ce rythme, je vais devenir soit journaliste, soit écrivain. J'ai mal à la main rien que d'y penser !

Au programme de la journée : tourisme.
Merveilleuse journée. Wonderful day. Beautiful weather, blue sky, warm. Comme on pouvait s'y attendre, nous avons visité des sites et des monuments, et appris des tas de choses (papa ne s'est pas privé d'étaler sa science).

Ces cabanes de pêcheurs sont situées dans l'estuaire de la Gironde, qui est le plus grand d'Europe…

✳ This bridge over the Garonne river was designed by Gustave Eiffel, who made the Eiffel Tower.

✳ Dans notre région, on fait du vin et non du whisky. Les vins de Bordeaux sont parmi les plus réputés et les plus chers du monde.

In the evening we went to the MacDougals' house. There was Ian MacDougal, his wife Shona and their daughter Aileen. Aileen said beekeeping is fun!
– You collect the honey but also the beeswax and you can make candles.
Sur la table, la fille MacDougal a disposé des bougies fabriquées à partir de la cire d'abeille. J'étais impressionné.
– It's easy! said Aileen (qui met un point d'honneur, même si son français est parfait, à parler anglais maintenant que James est là).

Je note la recette pour fabriquer des bougies :

(= les alvéoles)

1 You just take the honey comb when all the honey has dripped off...

2 and you melt it in hot water in a cotton bag.

3 The impurities stay in the bag, the beeswax floats on the water like fat.

Once the wax is cold, you take it off the surface of the cold water. Then you melt it to make candles.

Après avoir écouté la recette, James asked Ian MacDougal about the dead bees.

– You said you know who poisoned your bees, said James. You also said you know why. Can you tell us? Perhaps we can help you to find proof.

Ian MacDougal a soupiré, puis il a raconté son histoire en parlant très lentement pour que maman et moi puissions comprendre.

– Ten years ago, our friend Dan Fraser bought a house in Saint-Symphorien. We came to visit Dan and we decided to come and live in France. We came with our bees and beehives and started to make organic honey here. We bought the field next to Dan. Then, last year, twelve months ago, Dan said he wanted to make his field into a holiday home for tourists. But his field is not near the river.

Je n'étais pas certain d'avoir tout compris.

– A holiday home is a sort of village, Ian explained. For holidays. With houses and shops... and the river. Dan wanted the river.

Puis Ian MacDougal a fait un dessin de ses terres et de celles de son voisin Dan Fraser :

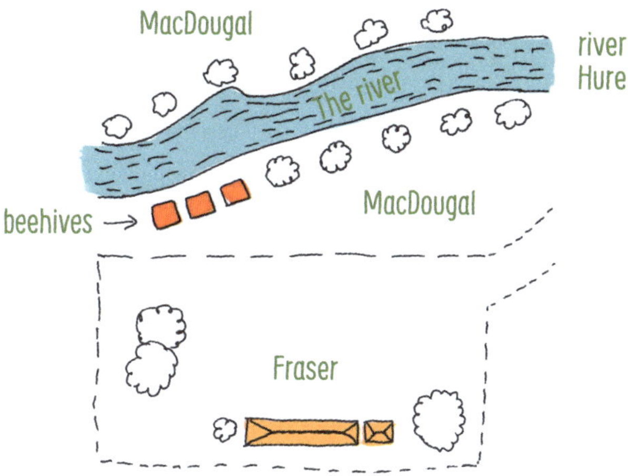

– So Dan asked us to sell him our field on the banks of the river Hure. And we said no. We like making honey and candles. We like living here. Dan was not happy...

I think he poisoned our bees to force us to sell.

– But we didn't clear the dead bees and the hives, I said. It wasn't Arthur and me. And you have wellies...
– Well, everyone has wellies here. And it wasn't me, said Ian MacDougal. So it must be Dan Fraser. Again...

At home, we phoned Akira. I said we met some Scottish people here, in the village. One Scottish family (the MacDougals) owns the bees and the beehives, the other Scottish family (the Frasers) wants to construct a holiday village. The MacDougals refused to sell their field, so Mr MacDougal THINKS Mr Fraser killed his bees but he has no proof.
Akira said James and I must go to see Mr Fraser and find the proof.
– You can help, she said. Bees are important, people can't just kill them.
– Yes, I said, but how can we find proof?

James said he will ask at the Conference what chemical can kill bees.

Tuesday April 18th

Cloudy with no rain.

At school we had Sport, English, French, Chemistry and History.

James went to his conference in Bordeaux. After school, James was at home. He had a leaflet about bees.

Why Bees are Important to our Planet

Bees are some of the hardest working creatures on the planet. They are responsible for pollinating 1/6 of all plants in the world.

There are 25000 different types of bees. All bees collect pollen and transport it between plants.

Pollination is the transfer of pollen from the male part of the flower to the female part.
A fruit (or nut) is then formed.
Pollination is essential for plant reproduction and fruit production. For example apples need bees.
Bees also make honey, a natural and essential form of sugar.
Bees help pollinate the flowers in our fields and gardens.
Bees make the planet sweeter, more productive, more beautiful!

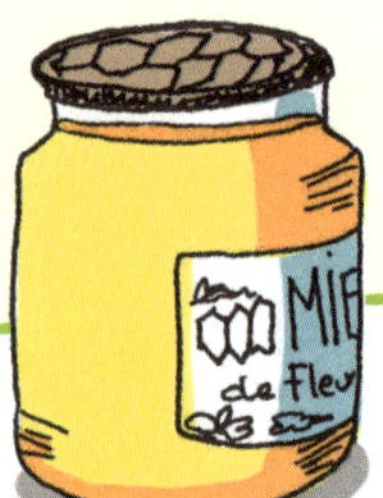

Tandis que je regardais la brochure, James m'a proposé :
– Let's go and visit Mr Fraser!
Puis, en prenant une voix toute douce, il a demandé à maman :
– Mrs Pereira, can I please borrow your car?
Je sais que maman est rassurée par le sérieux de James, mais elle a quand même demandé :
– What side of the road must you drive on, James?
– The right side, answered James with a smile.
Puis nous avons filé. Une demi-heure plus tard, nous sommes arrivés chez les Fraser. Leur maison est petite mais sympa. Le domaine (très beau) est peu entretenu.

James venait de couper le moteur, quand un couple s'est avancé vers nous. Dan Fraser was wearing wellies too.

Au-dessus de nos têtes, le soleil brillait dans un ciel sans nuages. James introduced himself and me. Tout en désignant la cime des arbres éclairés par la lumière de la fin de journée, James said:

– Beautiful place you've got here.

– Yes, said Dan Fraser. But it costs a fortune... We're thinking of making it a holiday village for tourists. If the holiday village works, we can stay here. If not... We'll have to sell. But we love it here. We don't want to leave...

Pendant que James discutait avec Dan Fraser, je me suis discrètement éloigné pour jeter un coup d'œil dans la grange à côté de la maison. Je ne savais pas trop ce que je cherchais, mais j'ai photographié tous les produits chimiques.

James said goodbye to Mr Fraser and we went back to the car. I showed my photos to James. Suddenly he said:

– Stop. That's it. RANGER CRUISER. That's one of the names my colleague told me. It's an insecticide. It kills bees. And it's in the Frasers' barn.

Then he stopped and pointed to the end of the field.

– What's that, Tom?

This is what we saw : →

Beehives. Empty beehives.

James drove immediately to the MacDougals' house. He showed the photos of the poison and the empty beehives to Ian MacDougal. The Scottish man agreed with James.

– Ranger is a poison that kills bees... But that's not proof that Dan Fraser killed MY bees, he said.

– And the empty beehives? asked James.

– Yes, they resemble my beehives, but I didn't write my name on them. That's not proof. Dan Fraser can deny they are mine...

En effet, Dan pouvait tout nier. Si bien qu'on était un peu déprimés pendant le dîner. Suddenly somebody knocked on the door. Mum opened the door. It was Mrs Fraser.

Nous avons rejoint Mrs Fraser dans l'entrée. Elle avait toujours l'air aussi triste.

– I'm sorry to interrupt your dinner, but I noticed Tom was taking photos in our barn. To be honest, I'm worried because I think Dan did something illegal. He has nightmares. In his sleep, he keeps talking about dead bees. And Aileen's bees are all dead. And there's a bag of insecticide in the barn, and there are beehives at the end of the field...

Puis elle a dit en français :

– Je n'ai pas envie de partir d'ici, mais j'ai tellement peur, et ces cauchemars...

James and I promised to help.

Wednesday April 19th

Nice and sunny today.

At school, for lunch we had fish fingers and chips. !!!
But I was sad.

I wanted to help Ian MacDougal AND Mrs Fraser, but it was impossible.
If we helped Ian MacDougal prove Dan Fraser had poisoned the bees, then Dan would go to prison.
If we helped Mrs Fraser protect Dan, then Ian's family had no more bees to make honey and candles.

At home, I called Akira on the computer. When I saw her red hair and freckles I was immediately better!

I explained the situation to my Scottish friend. The two families coming to France, and now one man killed his friend's bees. It was so sad.

Akira nodded.
– Yes, I understand. Ian MacDougal wants to keep bees on his field and Dan Fraser wants the field for his holiday home.
She hesitated.
– It's a difficult situation.
I agreed. One of the friends has to lose something. Dan Fraser loses his home or Ian MacDougal loses his bees. Suddenly Akira said:

Akira's idea

She explained everything to me!

The Frasers make a green Happy Holiday Home. It is 100 % organic and eco-friendly.

AND...

The MacDougals collaborate with the Frasers and do Beekeeping workshops.

(a workshop is like a lesson where you can keep bees and make honey and not be afraid of bees...)

Akira said it's a new concept for holidays.

Green holidays are really a great success.

People like green holidays.

James said: "Yes... perhaps... Why not... It won't be easy, but..."

Thursday April 20th

Warm and sunny.

I presented Akira's and my suggestion to the MacDougals. I said it would be a green eco-friendly holiday home with beekeeping workshops.

- The bees could stay near the river bank.
- The tourists would come to do beekeeping workshops.
- They won't be afraid of bees and will make organic honey.

I think it's an AMAZING idea.

Akira is really THE BEST!

Friday April 21st

The weather was warm with rain.

After school James and I went to see Dan Fraser. Mum drove the car. We presented our project to Dan and Emily Fraser. We explained the win-win situation. He makes a green eco-friendly holiday home with beekeeping workshops for the tourists. Dan Fraser nodded and said:

– Yes, Ian agrees, said James. It's a perfect solution for everyone!

After seeing Dan Fraser, James said he wanted to buy presents to take back to Scotland.

He bought:

Some honey and some beeswax candles for Akira "because Akira loves honey for breakfast, and she will want to come and make beeswax candles here".

Some Armagnac for Mr McKenzie, his father, "because he can compare French Armagnac to Scottish whisky".

Some French wine for his friends "because all Scottish people love French wine".

Some beeswax and lavender soap for his girlfriend Gillian "because she has delicate skin and beeswax is good for delicate skin".

I imagine Akira looking at the beeswax candles and thinking about me.

Saturday April 22nd

Hot and dry today. Very nice weather.

In the afternoon, James, Ian, Dan and their wives planned the holiday home.
Aileen, Arthur and I cleaned the empty beehives.
We cleaned all the insecticide from the beehives.
Aileen was happy. New bees will live in the beehives.

Sunday April 23rd

The weather is still very nice.

James went back to Scotland today.

At the airport to say goodbye, there was:
Mum, Dad, Papy, Mamie and me!

Friday May 5th

The weather is perfect.

After school, Dan Fraser was at our house, talking with Mum. He was very happy. He showed me the email he had from the finance department at Happy Holiday Homes.

Dear Mr Fraser,

We are delighted to inform you that your Green Happy Holiday Home project has been accepted. We will finance the construction of the holiday village.

Fantastic!

Saturday May 6th

It's raining, but I don't care.

Even more fantastic news.
Today, an email from Akira.

Akira announces that her dad and she will come to Saint-Symphorien this summer to help construct the Green Happy Holiday Home. Ian and Dan want Akira's dad to create the gardens for the village. So Akira will be here for FOUR WEEKS this summer.

I'm so happy. There are lots of places I want to visit with Akira. I'll start to make a list. Akira is coming to France!

FANTASTIC Marvellous!
AMAZING!

Les autrices

Claudine Aubrun lisait et écrivait pendant qu'elle était étudiante aux Beaux-Arts. Depuis qu'elle écrit des histoires, elle dessine des croquis, partout. Dans les trains, sur les salons, dans les bars, les métros. Elle est l'autrice d'une quarantaine de livres, dont plusieurs romans chez Syros (*Pour quelques grammes d'or*, la série *Les enquêtes de Nino*, *Le garçon rose malabar*, la série *Monsieur Stan*). *Moi détective in London* est le premier livre qu'elle illustre.
Son site : www.claudine-aubrun.fr

Stéphanie Benson est née à Londres en 1959. Arrivée en France en 1981, elle publie son premier roman pour adultes en 1995, puis se lance dans le roman policier jeunesse aux éditions Syros (*L'Inconnue dans la maison*, *La Disparue de la 6e B*, *Une Épine dans le pied*, *Shooting Star*...). Aujourd'hui autrice de plus de cinquante romans pour petits et grands (dont la série *Epicur* au Seuil), elle écrit également des nouvelles, de la poésie, ainsi que des pièces de théâtre dont des pièces radiophoniques pour France Inter et France Culture, et des scénarios pour la télévision. Parallèlement à sa vie d'autrice, elle est maître de conférences en anglais et didactique à l'université Bordeaux-Montaigne.

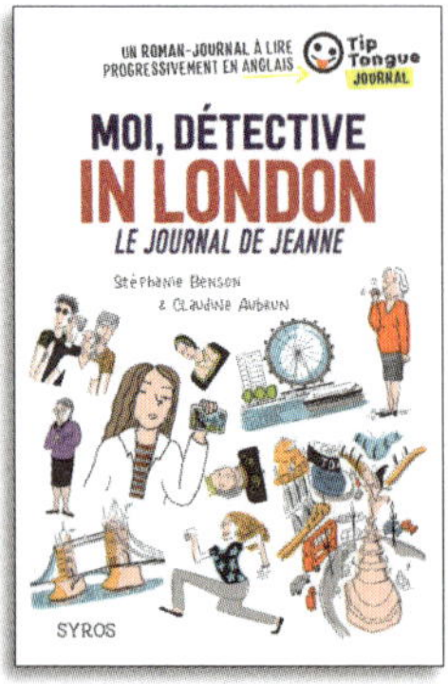

MOI, DÉTECTIVE IN LONDON
LE JOURNAL DE JEANNE

CLAUDINE AUBRUN ET STÉPHANIE BENSON

/ 8-10 ANS / DÈS LE CE2-CM1-CM2 / A1 INTRODUCTIF

Jeanne décide de tenir un journal – *in English!* – pour améliorer son anglais. Elle y raconte comment son anniversaire s'est transformé en véritable *detective investigation, in London*, avec sa meilleure amie et la romancière anglaise Dorothy Stone !

80 pages (en 4 couleurs) / 12 x 18 / 6,95 €

Mots-clés : Amitié, Londres, écrivain, concert, enquête, polar

ISBN : 978274 8524802

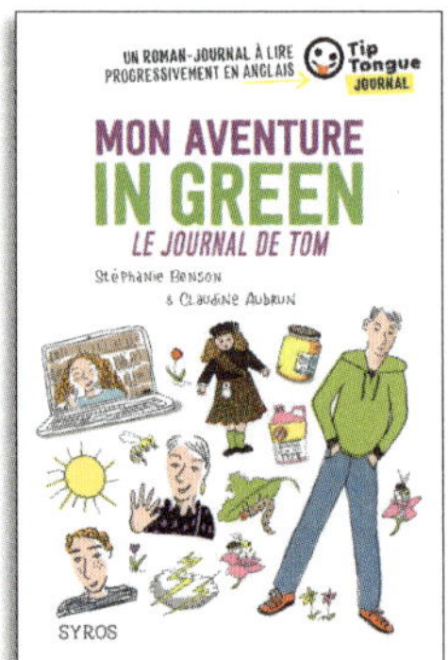

MON AVENTURE IN GREEN
LE JOURNAL DE TOM

CLAUDINE AUBRUN ET STÉPHANIE BENSON

/ 10-12 ANS / DÈS LE CM2-6e-5e / A1 DÉCOUVERTE

Tom se met à rédiger son journal afin de s'entraîner *in English*. Son but ? Correspondre avec une jeune Écossaise, Akira. Mais lorsqu'il participe à un projet écologique, Tom commence à *think in green* ! Et son journal devient le lieu d'une aventure à la fois écologique et linguistique !

96 pages (en 4 couleurs) / 12 x 18 / 6,95 €

Mots-clés : Amitié, correspondance, Écosse, écologie, enquête

ISBN : 978274 8524987

NOUVELLE STAR IN HOLLYWOOD
ALEX'S JOURNAL

STÉPHANIE BENSON

/ 12-14 ANS / DÈS LA 5e-4e-3e /
A2 INTERMÉDIAIRE

Alex est invité à Hollywood par son amie américaine Diandra, jeune chanteuse de rap, qui a besoin de lui pour son prochain clip. Sa prof d'anglais l'encourage à tenir un journal pour raconter son expérience. Mais une fois là-bas, il va aussi y raconter l'enquête qui permettra de faire toute la lumière sur une disparition étrange parmi les jeunes stars *in Hollywood!*

112 pages (en 2 couleurs) / 12 x 18 / 6,95 €

Mots-clés : Amitié, musique, star, origines, Hollywood, Mexique

ISBN : 978274 8524949

LOVE? IN NEW YORK
CALLIE'S JOURNAL

STÉPHANIE BENSON

/ 14-16 ANS / DÈS LA 3e-2nde-1re /
B1 SEUIL

Callie part à New York pour intégrer l'école de graphisme de ses rêves. Mais son rêve le plus secret, partagé uniquement avec son *English Journal*, est de devenir la petite amie d'Allen Gardner, jeune artiste de Street Art rencontré quelques mois plus tôt. Seulement, alors qu'elle est à peine arrivée, Allen lui présente sa *girlfriend* Cilla, qui se met à suivre Callie partout. Comment réagir ? Grâce à son journal, Callie va découvrir une autre facette de son *American Dream*.

112 pages (en 2 couleurs) / 12 x 18 / 6,95 €

Mots-clés : École d'art, New York, amour, inégalités

ISBN : 978274 8524703

Achevé d'imprimer en mars 2020

par Pollina en France - 93351

MIXTE
Papier issu de
sources responsables
FSC® C022030